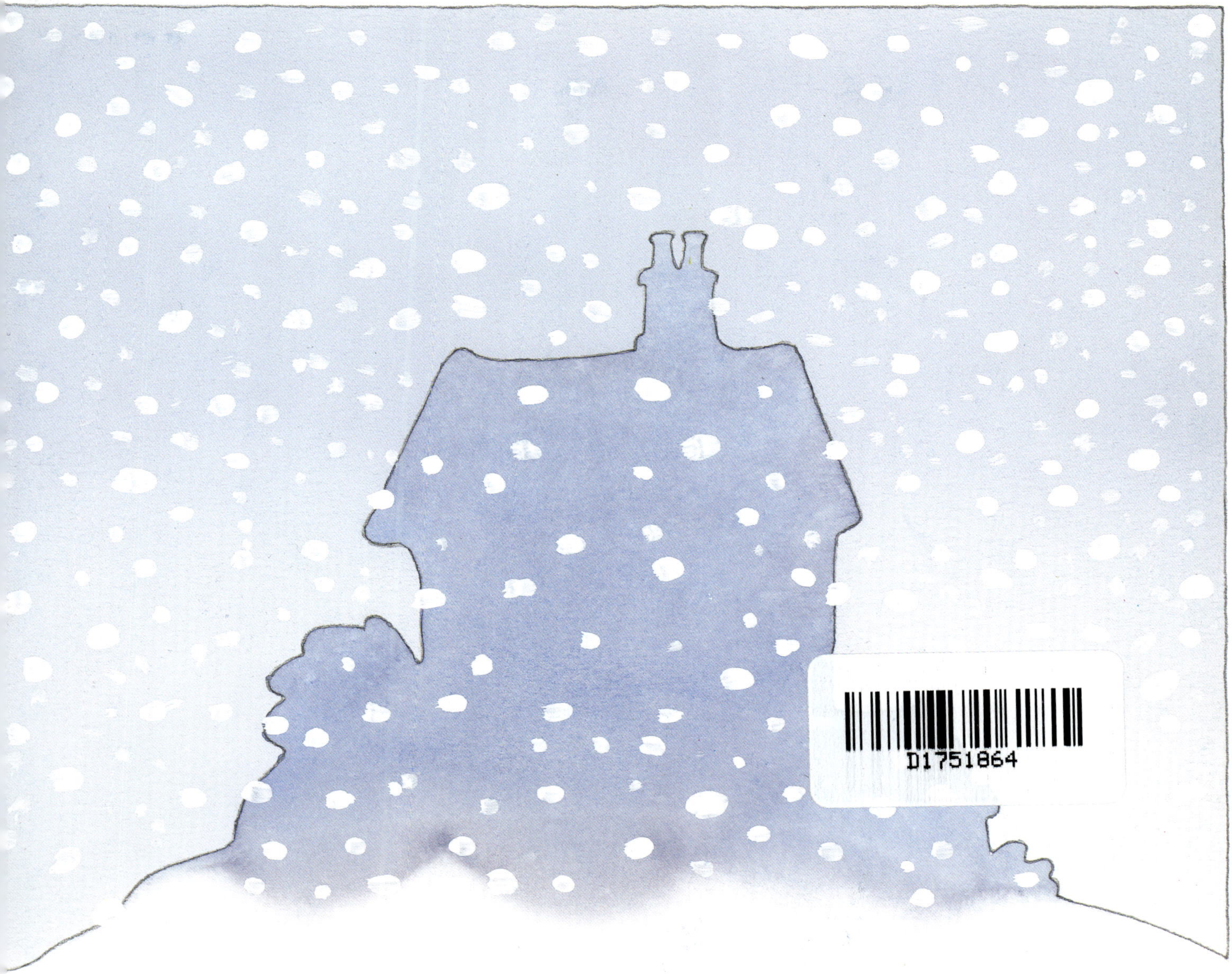

Zuerst erschienen 1999 bei Hodder & Stoughton, London
Originaltitel: Kipper's Christmas Eve
Copyright © 1999 Mick Inkpen
The author and illustrator asserts the moral right
to be identified as the author and illustrator.

© für die deutschsprachige Ausgabe Baumhaus Verlag AG,
Zürich – Frankfurt/Main – Bruck 2000
Alle Rechte vorbehalten.
Published by arrangement with Hodder Children's Books.
ISBN 3-909484-30-1
Deutsche Bearbeitung: Sabine Conrad

Printed in Hong Kong.

Gesamtverzeichnis schickt gern: Baumhaus Verlag AG,
Seelenberger Straße 4, D-60489 Frankfurt am Main
http://www.baumhaus-ag.de

Weihnachten mit Bubu

Mick Inkpen

BAUMHAUS VERLAG

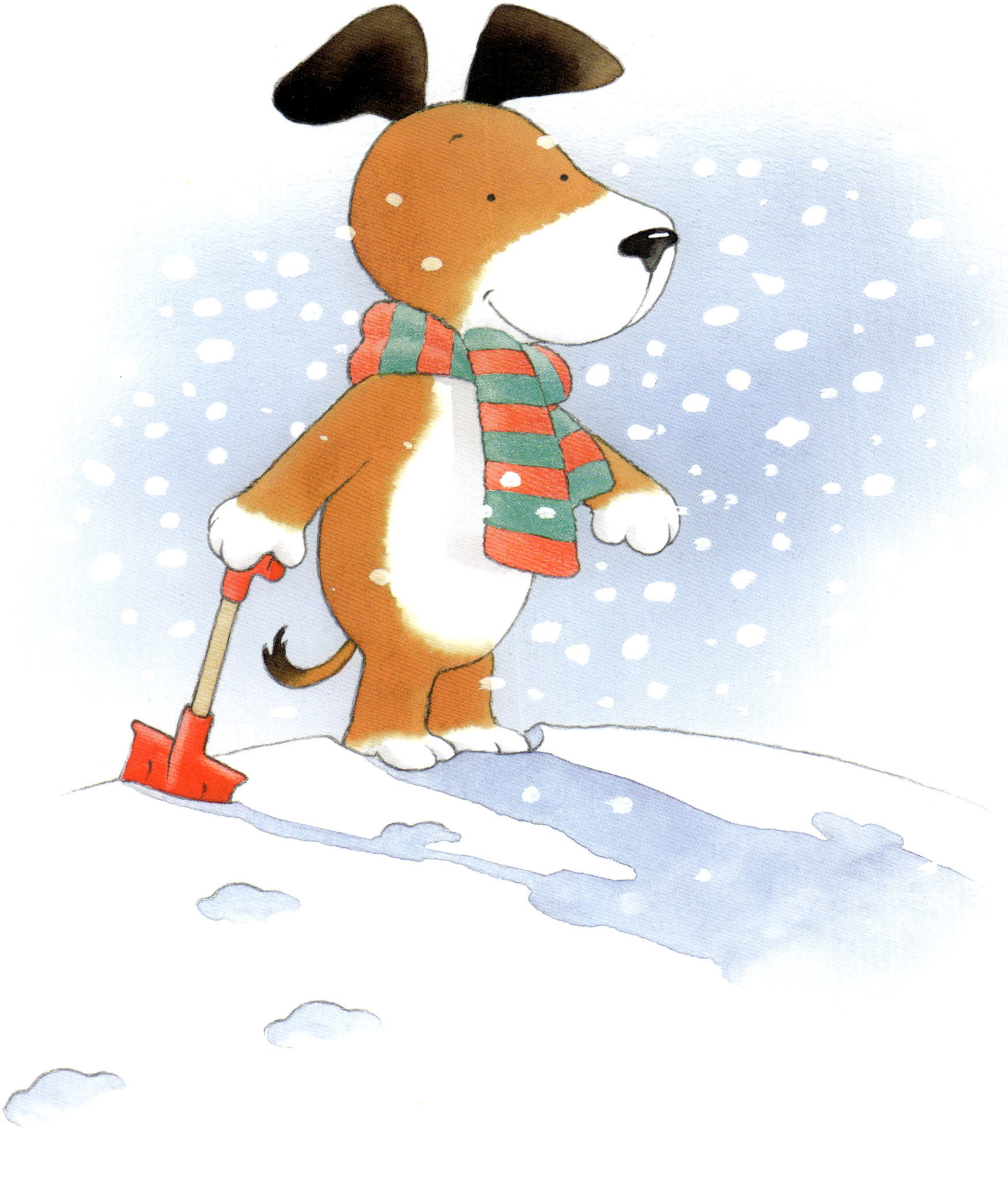

Schon früh am Morgen hat sich Bubu aufgemacht, um einen Christbaum für das Weihnachtsfest zu holen. Die Schneeflocken wirbeln. Mit seinem warmen Schal um den Hals und seinem Spaten in der Hand stapft Bubu den Hügel hinauf. Oben angelangt bleibt er stehen und schaut hinunter auf den tiefverschneiten Wald.

„Was ist eigentlich schöner?", überlegt Bubu. „Geschenke bekommen? Oder sich auf Geschenke freuen?"

Doch Bubu ist viel zu aufgeregt, um sich zu entscheiden. Und so läuft er jauchzend den Hügel hinunter.

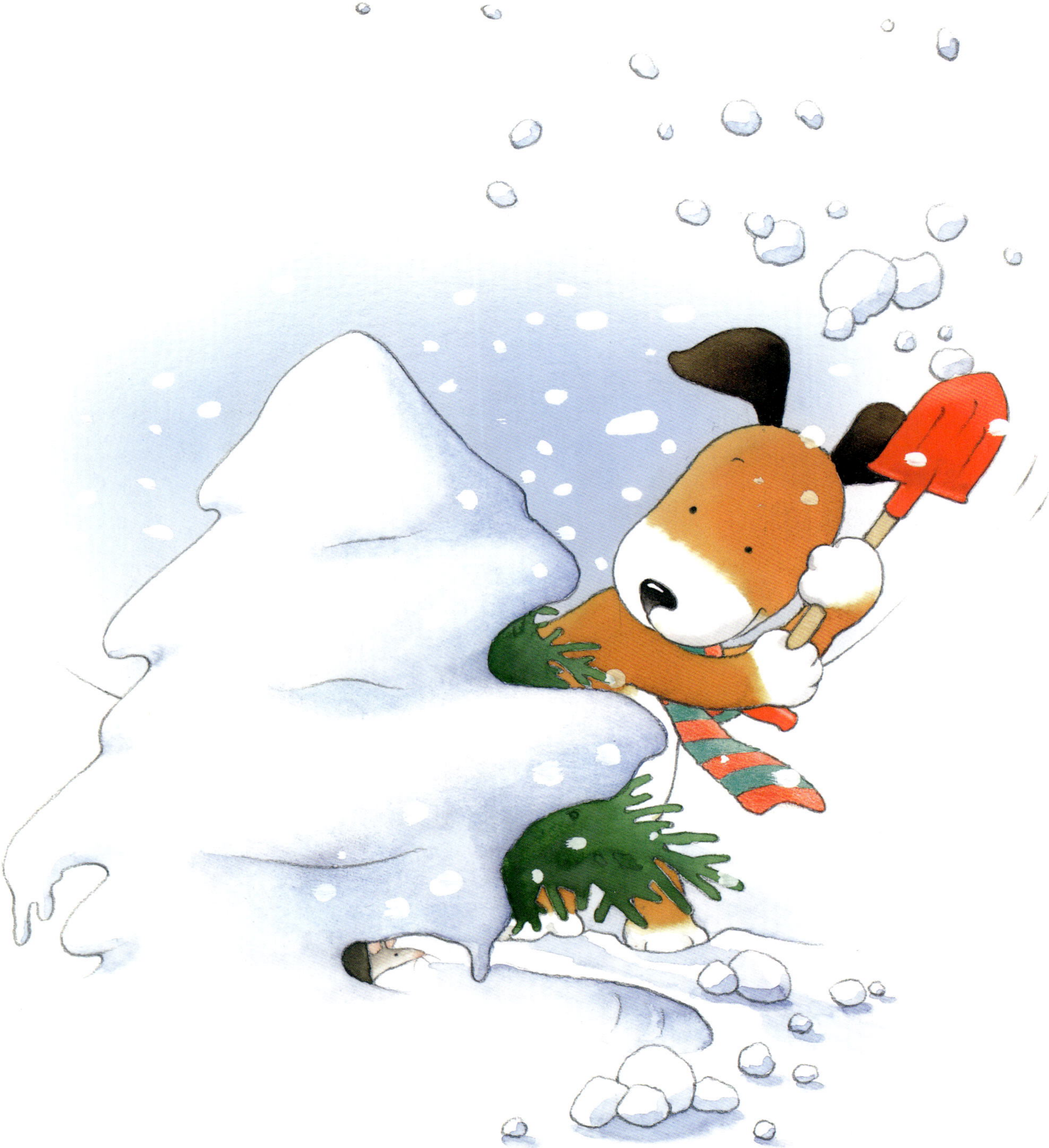

Mitten im Wald entdeckt Bubu
einen kleinen Tannenbaum.
„Den nehme ich!", ruft er begeistert.
Mit dem Spaten schaufelt er den Schnee
beiseite. Dann fasst er das Bäumchen
am Stamm und zieht. Doch es bewegt sich
nicht ein bisschen.
Bubu rüttelt und schüttelt es, biegt und
dreht es. Nichts. Schließlich wickelt
Bubu seinen Schal um das Bäumchen
und zieht so fest
er nur kann.
Und dann...

...hat er es geschafft!

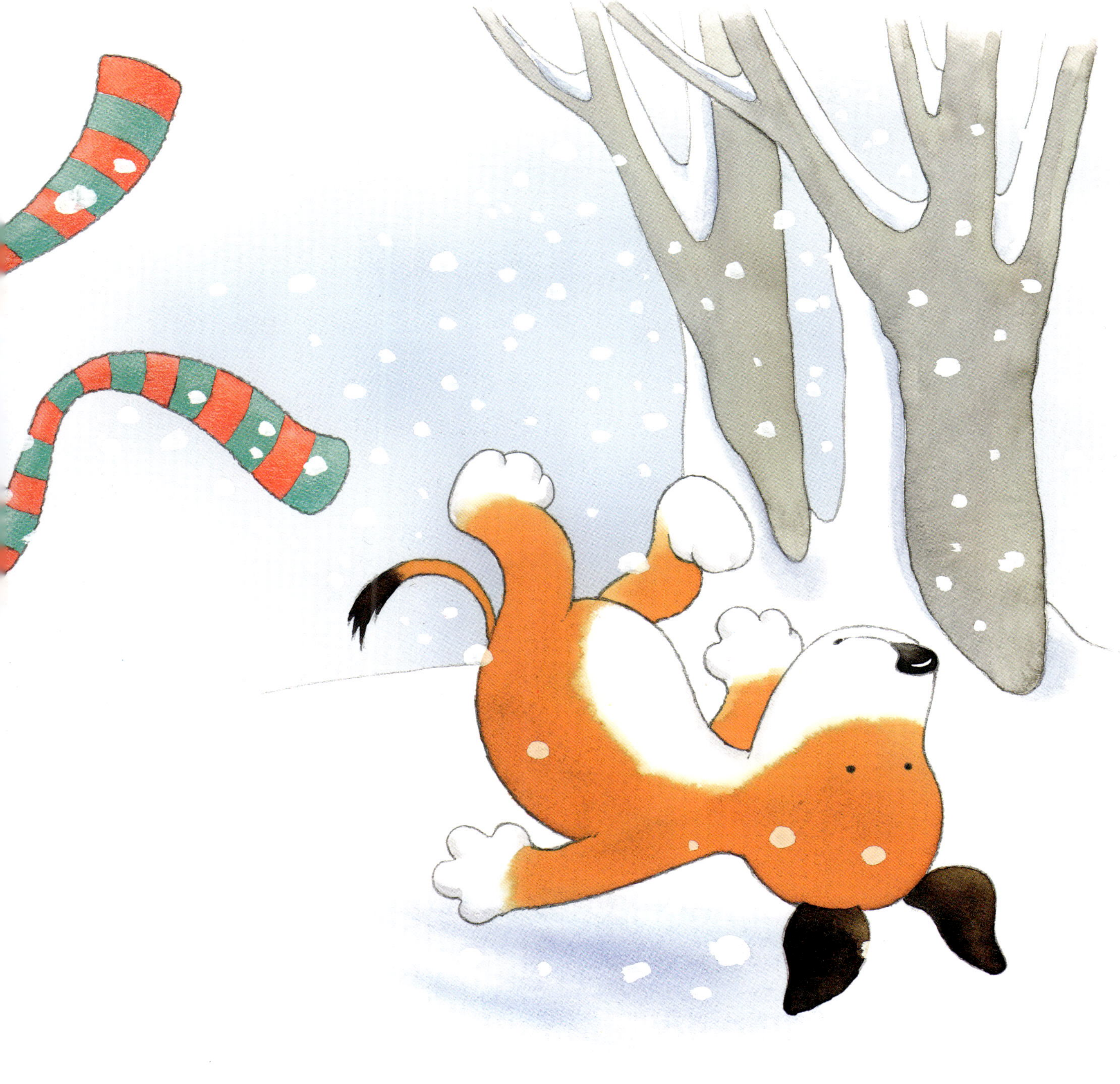

"Was der Weihnachtsmann mir wohl bringen wird?", fragt sich Bubu, während er mit dem Tannenbaum im Schlepptau nach Hause geht.

Wie jedes Jahr kann er sich einfach nicht vorstellen, welche Art von Geschenk ihm gefallen würde.

„Ich glaube, ich weiß, was ich möchte, wenn ich sehe, was es ist", überlegt Bubu.

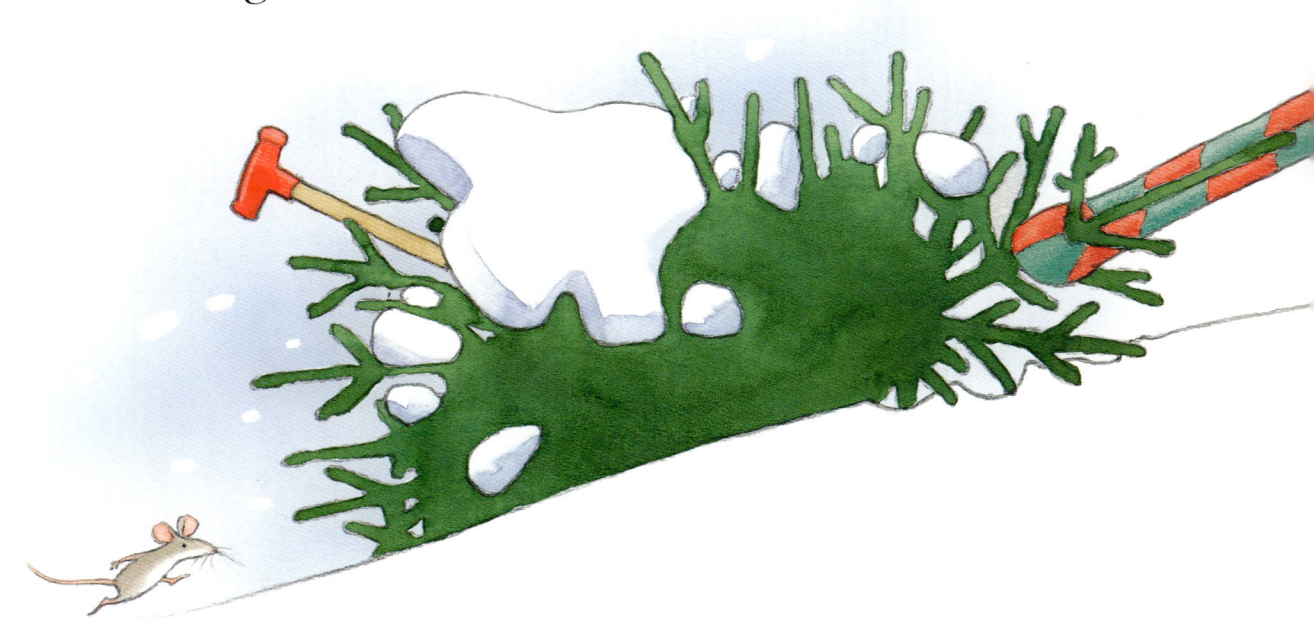

In Gedanken ist Bubu immer noch bei den Geschenken, als er Schweinchen und den kleinen Arnold den Hügel heraufkommen sieht.

„Hallo, Bubu!", sagt Schweinchen. „Soll ich mit anfassen?"
Wie Bubu bindet Schweinchen seinen Schal um den Baum. Und dann stapfen sie Seite an Seite den Hügel hinauf. Arnold trödelt hinter ihnen her und lutscht an seinem Daumen.

Aufgeregt zeigt er auf etwas, das er zwischen den Zweigen entdeckt hat. Doch Bubu und Schweinchen sind viel zu sehr damit beschäftigt, sich über Geschenke zu unterhalten.

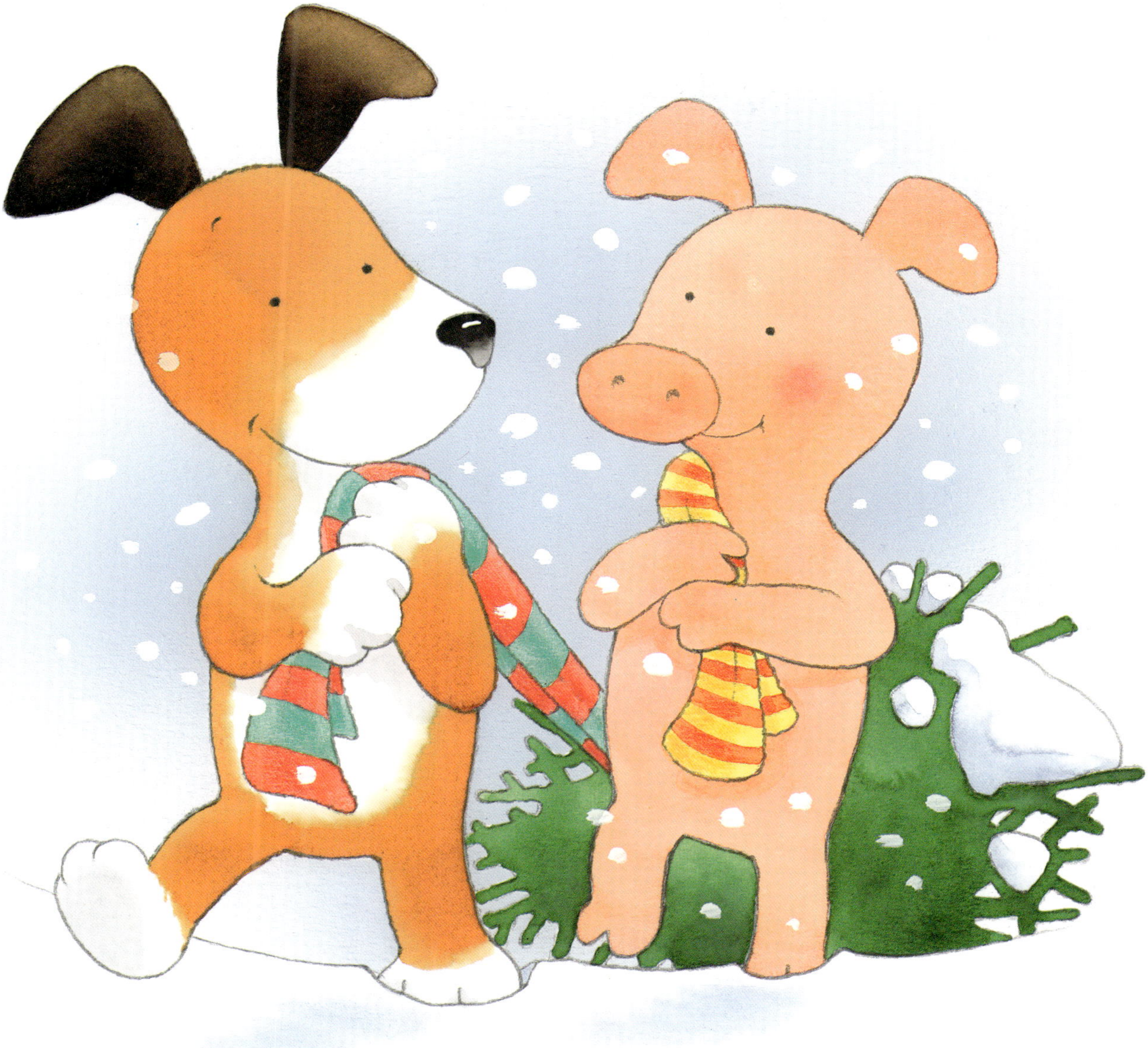

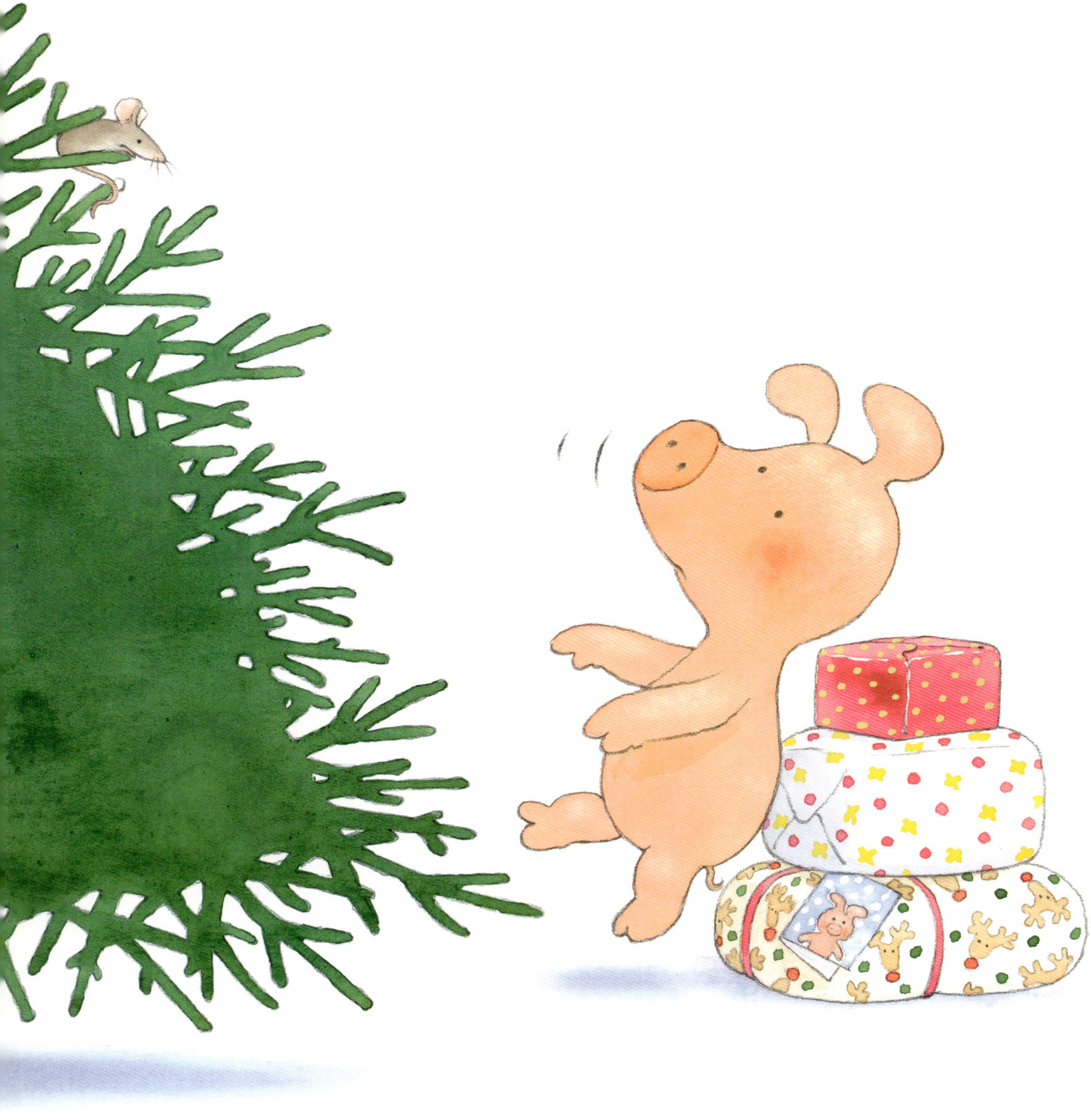

Bei Bubu zu Hause stellen sie den Baum in einen Eimer mit Wasser. Arnold schaut angestrengt zwischen die Zweige und läuft immer wieder um den Baum herum – bis er über einen Stapel Weihnachtsgeschenke fällt.

Eins davon hat ein Schildchen mit der Aufschrift „Frohe Weihnachten, Arnold. Alles Liebe, Bubu".

„Das darfst du jetzt aber noch nicht aufmachen", ruft Schweinchen.
Doch es ist schon zu spät.

Bubus Geschenk für Arnold ist eine Rentier-Mütze.

„Die rote Nase leuchtet!", erklärt Bubu begeistert. „Und sie blinkt auch!"
Aber dann wird sein Gesicht plötzlich ganz traurig. Er hat die Batterien vergessen!
Arnold macht das gar nichts aus.
Er ist glücklich
mit seiner Mütze.
Auch ohne
die blinkende
rote Nase.

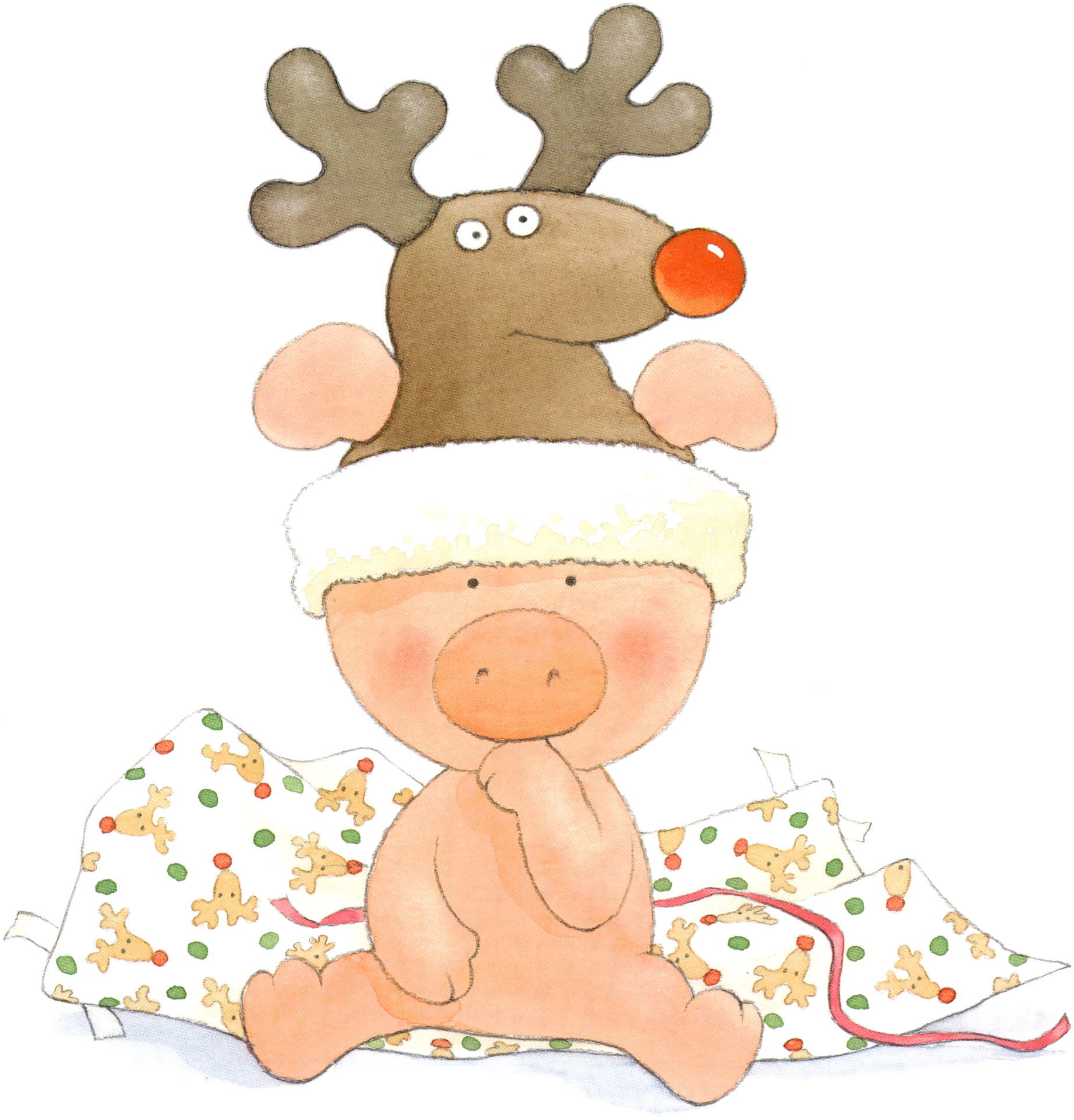

„Oh, da fällt mir etwas ein!", ruft Schweinchen. „Ich habe dein Geschenk noch gar nicht eingepackt, Bubu!"

Schnell läuft Schweinchen nach Hause. Arnold bleibt bei Bubu und hilft ihm, den Weihnachtsbaum zu schmücken.

„Was nehmen wir für die Spitze, Arnold?", fragt Bubu. „Einen Schneemann? Oder einen Stern?"

Doch Arnold scheint sich gar nicht für den Weihnachtsbaumschmuck zu interessieren.

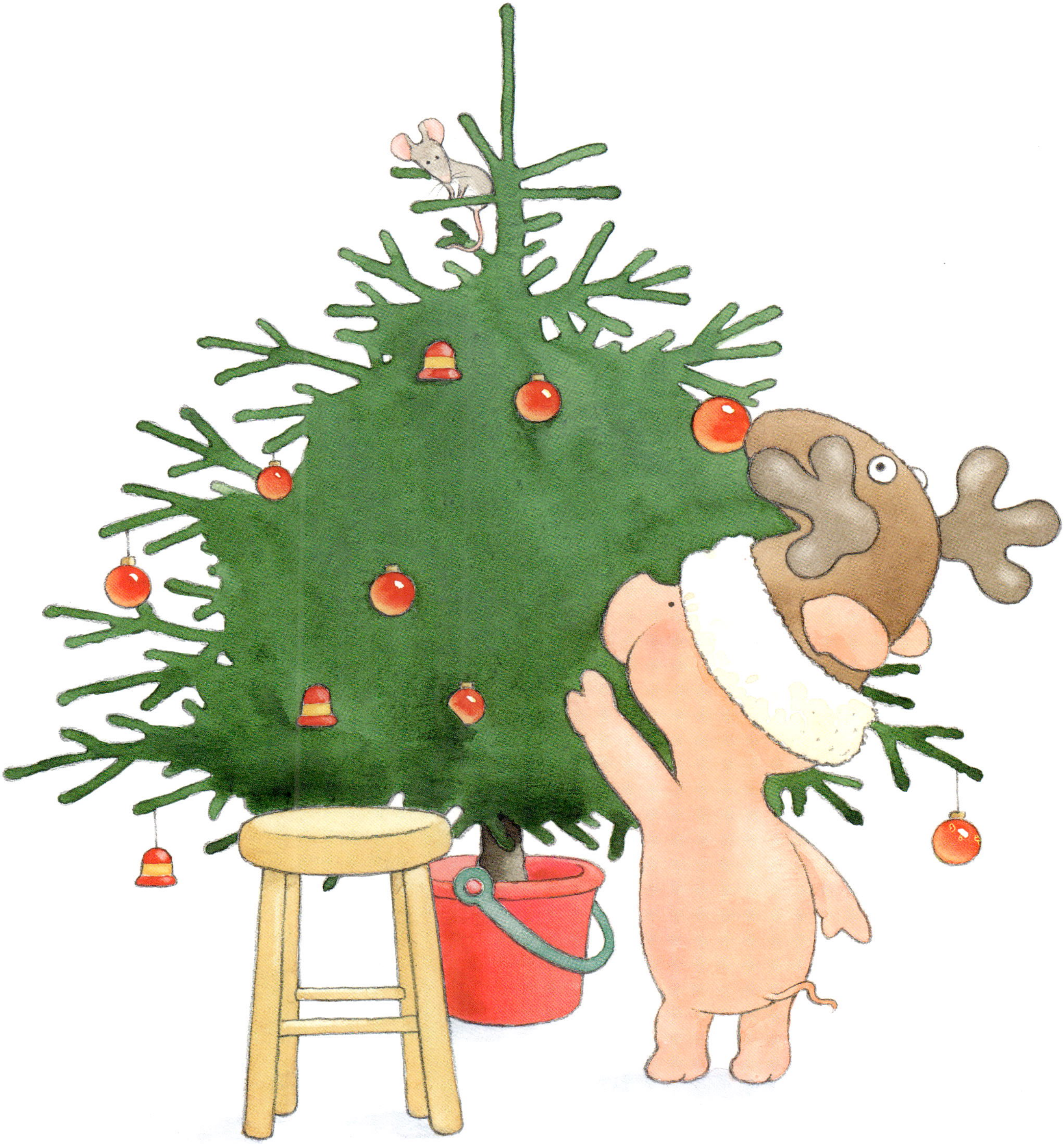

Er klettert auf den Hocker, nimmt seine Mütze ab und lässt sie über die Maus plumpsen. Aber dann beginnt der Hocker zu wackeln und Arnold purzelt auf den Boden.

„Alles in Ordnung, Arnold?", fragt Bubu besorgt. Arnold ist nichts passiert. Er steht auf und zeigt auf den Baum.

Bubu entdeckt die Rentier-Mütze auf der Spitze des Weihnachtsbaums.

„Das war eine gute Idee", sagt Bubu zu Arnold. „Das ist genau richtig!"

Sie sind gerade mit dem Schmücken des Weihnachtsbaums fertig, als es an der Tür klingelt. Es ist Tino. Er ist gekommen, um Bubu „Frohe Weihnachten" zu wünschen – und um einen Schneeball nach ihm zu werfen.

Auch Schweinchen ist wieder da und gibt Bubu sein Geschenk. „Tut mir Leid, es sieht ein bisschen zerknautscht aus", entschuldigt sich Schweinchen. „Ich bin nicht sehr gut im Geschenkeeinpacken."

„Ich mag zerknautschte Geschenke", sagt Bubu. „Man ist gespannt, was wohl drin ist."

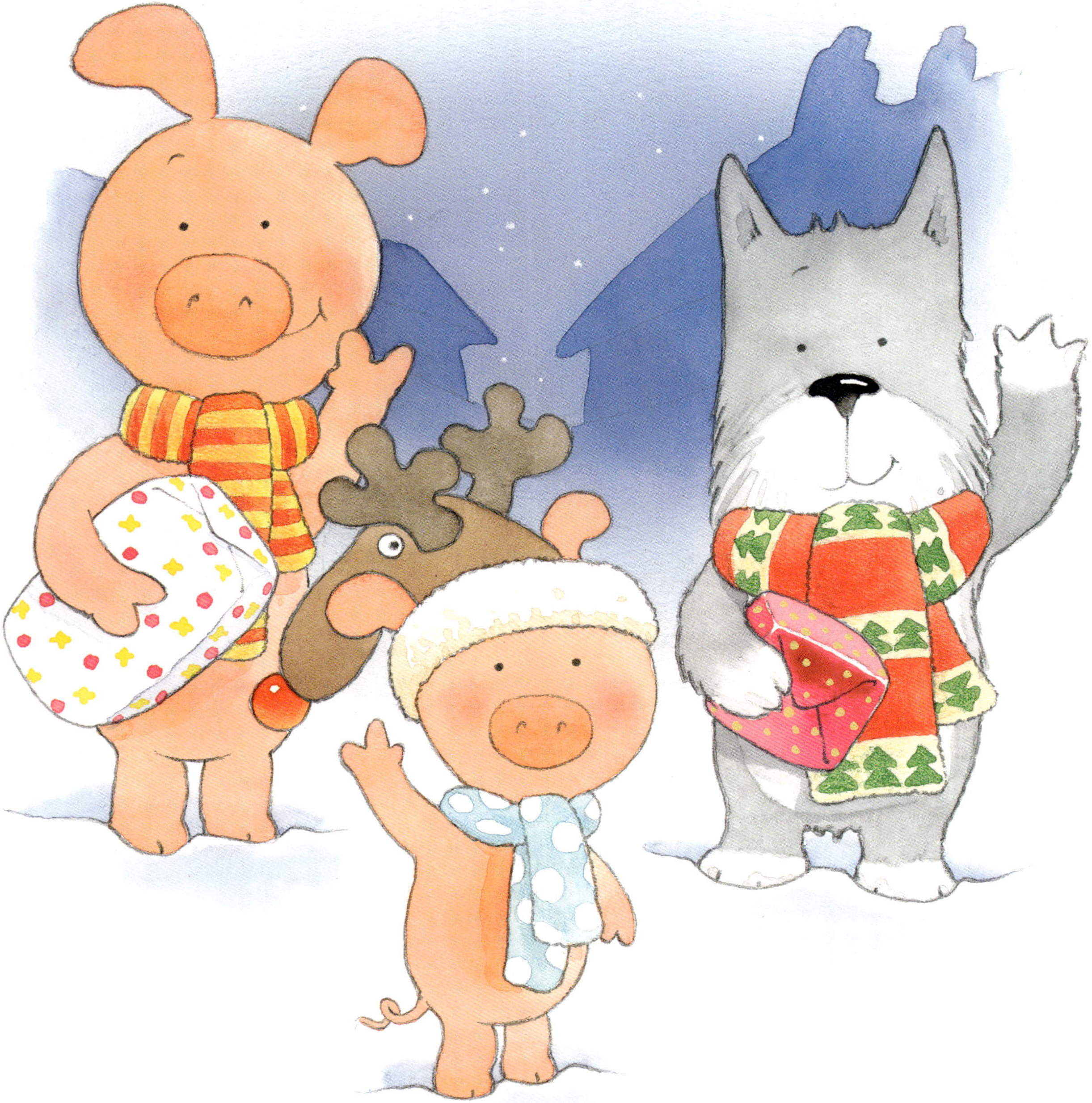

„Jetzt ist es Zeit nach Hause zu gehen", sagt Schweinchen zu Arnold. Bubu nimmt die Rentier-Mütze von der Spitze des Weihnachtsbaums und gibt sie Arnold zurück. Neugierig schaut Arnold hinein. Doch es ist keine Maus zu sehen.

„Frohe Weihnachten, Bubu!", sagt Schweinchen.

„Frohe Weihnachten, Bubu!", sagt Tino.

„Frohe Weihnachten, euch allen!", sagt Bubu, als sie hinaus in den Schnee gehen. „Vielleicht trefft ihr ja den Weihnachtsmann!"

Arnold winkt und schaut noch einmal in seine Mütze, um ganz sicher zu sein, dass wirklich nichts drin ist.

"Ich finde, die Vorfreude ist das Schönste an Weihnachten", sagt Bubu und überlegt: "Ich bin gespannt, was der Weihnachtsmann mir noch bringt. Ob er wohl schon da war?"

Bubu hat seine Knuffelsocke an den Korb gehängt, zusammen mit einem Zettel:

"An den Weihnachtsmann.

Irgendetwas bitte. Vielen Dank.

Alles Liebe, Bubu."

Er kuschelt sich in seinen Korb und schaut zum Fenster hinaus in den Sternenhimmel.

Bubu ist hellwach und überhaupt nicht müde…

Und genauso geht es der Maus...